NENHUM MISTÉRIO

PAULO HENRIQUES BRITTO

Nenhum mistério

1ª reimpressão

Copyright © 2018 by Paulo Henriques Britto

Grafia atualizada segundo o Acordo Ortográfico da Língua Portuguesa de 1990, que entrou em vigor no Brasil em 2009.

Capa
Kiko Farkas/ Máquina Estúdio

Preparação
Ana Maria Alvares

Revisão
Nina Rizzo
Valquíria Della Pozza

Dados Internacionais de Catalogação na Publicação (CIP)
(Câmara Brasileira do Livro, SP, Brasil)

Britto, Paulo Henriques
  Nenhum mistério / Paulo Henriques Britto. — 1ª ed. — São Paulo : Companhia das Letras, 2018.

  ISBN 978-85-359-3137-2

  1. Poesia brasileira I. Título.

18-16688   CDD-869.1

Índice para catálogo sistemático:
1. Poesia : Literatura brasileira 869.1
Maria Paula C. Riyuzo – Bibliotecária – CRB-87639

[2021]
Todos os direitos desta edição reservados à
EDITORA SCHWARCZ S.A.
Rua Bandeira Paulista, 702, cj. 32
04532-002 — São Paulo — SP
Telefone: (11) 3707-3500
www.companhiadasletras.com.br
www.blogdacompanhia.com.br
facebook.com/companhiadasletras
instagram.com/companhiadasletras
twitter.com/cialetras

[1233]

Had I not seen the Sun
I could have borne the shade
But Light a newer Wilderness
My Wilderness has made—

[Não tivesse eu visto o Sol
Sofrível a sombra seria
Mas a Luz fez de meu Deserto
Terra ainda mais baldia —]

Emily Dickinson

Sumário

Nenhuma arte, 9
Mirante, 16
Muro, 17
Spleen 2½, 18
Pa(r)químetro, 19
Nenhum mistério, 20
Elogio do raso, 30
Heraclitus meets Pascal, 31
Glosa sobre um mote de Sérgio Sampaio, 32
Mantra II, 33
Caderno, 34
Tocata, 51
Natureza morta II, 53
Duas autotraduções, 54
À margem do Douro, 56
Crisálida, 57
Tar-Baby, 58
Uma nova teoria de tudo, 59
Da irresolução, 60
Da oportunidade, 61
Da imortalidade, 62
Dos nomes, 63
Do sublime, 64
Da metafísica, 65
Plaudite, amici, 66

Lacrimæ rerum, 67
Ao sair da sala, 68

Nota do editor, 69

Nenhuma arte

Os deuses do acaso dão, a quem nada
lhes pediu, o que um dia levam embora;
e se não foi pedida a coisa dada
não cabe se queixar da perda agora.
Mas não ter tido nunca nada não
seria bem melhor — ou menos mau?
Mesmo sabendo que uma solidão
completa era o capítulo final,
a anestesia valeria o preço?
(Rememorar o que não foi não dá
em nada. É como enxergar um começo
no que não pode ser senão o fim.
Ontem foi ontem. Amanhã não há.
Hoje é só hoje. Os deuses são assim.)

II

Tempo agora perdido
(todo tempo se perde)
vivo só nos vestígios

que resistem por leves
(tudo que pesa afunda)
no mais raso da pele

onde o que foi desejo
(tudo que fica dói)
até hoje lateja.

III

Pois era assim: o dia era mais dia,
diáfano, diíssimo, e entre um
e outro dia o luxo de uma noite.
E isso era tudo. Havia isso. E mais

a promessa de que após esse dia
viria uma noite, e, depois, mais um,
primícia da iguaria de uma noite.
Isso era vida. Isso era até demais,

e isso nenhum de nós nunca entendia,
e era dia claro, e isso nenhum
de nós via, como se fosse noite.
E isso bastava. Não havia mais

que a sucessão que não cessava: dia
se abrindo em noite a desabrochar num
dia em que sempre eclodia uma noite.
Isso era sempre. E agora, nunca mais.

IV

Uma vida inteira passada
dentro dos confins de um corpo
junto ao qual vem atrelada
a consciência, peso morto
que acusa o golpe sofrido
e cochicha ao pé do ouvido
depois que o fato se deu:
nada que te pertence é teu.

Único antídoto do nada
entre as peçonhas da vida,
coisa por sorte encontrada
e por desgraça perdida,
amor lega, em sua ausência,
um lembrete à consciência
(se ela por acaso esqueceu):
nada que te pertence é teu.

Princípio? Tudo é contingente.
Fim? Toda luz termina em breu.
Sentido? Quem quiser que invente,
quem não quiser se contente

com este presente besta
que, quando acabou a festa,
a vida avara lhe deu:
nada que te pertence é teu.

V

Veja e toque, e se contente.
Nada mais lhe é permitido.
Pois tudo que você tem
só é seu no escasso sentido

em que é sua a sombra escassa
que esse seu corpo segrega,
que some assim que se apaga
a exata luz que ela nega.

VI

Aprender enfim
a cruel lição:
a que só se aprende
por subtração:

a que não saber
não é desvantagem
(pois nem sempre é ganho
uma aprendizagem

(o que vai de encontro
ao que muitos pensam)),
e sim uma sorte,
uma vera bênção:

a que não é arte
nem tampouco ciência:
pois não há teoria —
só práxis — da ausência.

(Mas dizer-lhe o nome
já é exorcizá-la:
quem a vivencia
cala.)

Mirante

Há certos patamares na existência
de onde se divisam coisas não
belas, mas necessárias a quem pensa
que forjar uma significação

seja talvez — à falta de melhor —
uma maneira de dar arremate
àquilo que sobreviveu à dor,
à confusão, à culpa, aos disparates.

Se o panorama, então, desapontar,
lá de cima, quem teve em tempos planos
um sonho alpino, ao menos terá tido

o mérito menor de revelar
que a decepção, arrematando os anos,
é o que há em matéria de sentido.

Muro

Serve qualquer material
que seja sólido e rígido,
capaz de criar desconti-
nuidade no mundo físico.

Às vezes é rematado
por algo como um colar
ou — melhor até — coroa
de espinhos, mas linear.

A sua função se encerra
no exato da sua forma.
Não na cal, nem no grafite,
nem em nada do que o adorna

ou tenta, pelo contrário,
torná-lo uma quase ausência:
estar ali dividindo
é toda sua competência.

Sem ele, um lado e o outro
não são cá dentro e lá fora.
(Nenhuma necessidade,
aqui, de qualquer metáfora.)

Spleen 2½

Não se fazem mais lembranças
como as de antigamente.
Agora a memória apenas
acumula indiferente

o que logrou atrair
a atenção por um instante
e amarra tudo com o mesmo
indefectível barbante

e o joga numa gaveta
cronicamente emperrada,
a qual só será aberta
na hora errada.

Pa(r)químetro

Há que manter a distância
(como se entre veículos)
entre o que é só esperança
e o que seria ridículo.

Mas medir com precisão
a largura desse hiato
(valha a pressuposição
de que ele exista de fato)

requer sapiência tamanha
e argúcia tão apurada
que quem porventura as tenha
já não espera mais nada.

Nenhum mistério

I

Não chega a ser desespero,
mas não por haver esperança.
Falta a ênfase, o tempero,
o sal da intemperança,

sem o qual não é iguaria
à altura de grandes gestos.
É mais da categoria
das migalhas, dos restos.

Pois dessa matéria escassa
há que se tirar sustância.
(Até mesmo na desgraça
é pra poucos a abundância.)

II

Não há nenhum mistério nesta história
em que o culpado se anuncia
ainda na primeira hora,

e são tão copiosas as pistas
quanto inúteis, e o final
— que, é claro, já se sabia

desde o início — é banal,
melancólico, besta
e isento de moral.

Mesmo assim, esta
é a história lida
até por quem detesta

toda a inútil narrativa,
até por não haver alternativa.

III

Seria igual se fosse diferente,
seria — sendo outro — mais do mesmo.
Tome-se alguma alternativa, a esmo,
e a leve adiante: tente o que se tente,

acaba-se chegando sempre ao ponto
exato de onde se partiu (o nada).
E o mais é igual, qualquer que seja a estrada,
não por ser o planeta tão redondo,

e sim por ser estreito o repertório
de mundos disponíveis, porque a margem
é tão parca nas bordas do papel.

Assim, qualquer desvio aleatório
por fim se reduz a mera miragem,
um nada — nada novo — sob o céu.

IV

A posição de tudo a seu redor
(a pele de uma bolha):
resultado final (desolador)
de mil acasos, mil escolhas,

todas suas. Aranha em sua teia,
olho de furacão
que tudo vê e de tudo se alheia:
só consciência e solidão.

V

É, sem tirar nem pôr, exatamente
como no pesadelo. É o lugar
onde se está agora. O presente.

Impossível fugir desta presença,
e impensável. Estar aqui é pensar,
e pensar é sempre ser o que pensa,

e o que pensa dispensa o sonho, certo
de que só o estar onde se está importa.
E no entanto este teto tão perto

da cabeça, este chão frio demais,
estas paredes pensas, esta porta
que fecha como quem não se abre mais —

como não reconhecer isso, ao vê-lo?
É tudo tal como no pesadelo.

VI

Permanecer aqui,
apesar e além.
Estar, mesmo assim,
mesmo sem.

Efeito talvez
da inércia de ser:
mesmo não querendo,
não poder.

Ou então um símile
cru e exato:
como comer após cuspir
no prato.

VII

Chega um momento em que as mãos
já não querem cumprir ordens.
Não pegam mais, não apertam,
e sim mordem.

Os olhos se cansam da luz,
os pés desprezam os pisos,
a mente rejeita todo e
qualquer juízo.

E o rosto — este velho disfarce
velhaco, por trás do qual
não há outra coisa senão
uma máscara igual,

o rosto nem mesmo se esforça
pra parecer que não é outro.
(Já, já não será mais preciso
fingir-se de morto.)

VIII

Zelosamente se procura
o mal preciso tão sonhado
de que o remédio já encontrado
seria a cura.

Pois é mister que se aproveite
o que se tem, por mais daninho,
que da pedra que há no caminho
se extraia o leite.

Caso contrário, há que abrir mão
do pouco que ao menos parece
real e sólido,

o que seria catastrófico
(mas também seria uma espécie
de solução).

IX

Cada objeto está em seu lugar,
menos um.
Cada ser tem razão de ser ou estar,
menos um.
Todos têm uma causa e uma razão,
menos um.
Nenhum deles requer explicação,
menos um.
E saberão o quanto são pequenos?
(Mais é menos.)

x

Dentro da noite por fim construída
há tempo para tudo, e muito espaço.
Longas janelas. Cortinas corridas.
Nos armários vazios, grandes chumaços

de algodão a preencher cada centímetro
cúbico de cada compartimento
e gaveta. Na parede, um termômetro
no qual ninguém dá corda há muito tempo.

Nas prateleiras, livros entulhados
de palavras que escorrem devagar,
formando umas poças ralas no chão.

É uma espécie de véspera. Calados,
os cômodos esperam o raiar
de alguma coisa como um dia. Ou não.

Elogio do raso

Recomeçar sem que haja
arremedo de começo
exige mais que coragem.
Há que ter um forte apreço

pela aparência mais chã
e o desdém mais destemido
pelas funduras malsãs
onde se acoita o sentido.

Este apego à superfície
— dizem — dá força à vontade
(o que, apesar de tolice,
pode até ser verdade).

Heraclitus meets Pascal

Ninguém se molha duas vezes
na mesma tempestade. Mudam
você, a água, nem é o mesmo,
na sua mão, o guarda-chuva;

muda o motivo pelo qual
você houve por bem molhar-se,
oferecendo ao temporal
— por assim dizer — a outra face;

não muda, porém, a consciência
de que os sapatos encharcados
e a calça manchada de lama

terão talvez efeito idêntico
ao que teria ter ficado
em casa, quietinho, na cama.

Glosa sobre um mote de Sérgio Sampaio

E onde quer que eu esteja, eu não estou.

Onde fui posto, ali não quis ficar,
porque era muito pouco e era demais,
e também por não ser o meu lugar,
que era bem na frente, e era lá atrás.

Não que houvesse um lugar onde eu quisesse
estar. Isso seria fácil. Não.
É que eu fujo de tudo que parece
ser fácil, e pra toda solução

dou sempre um jeito de achar um problema,
e diante do que está se resolvendo
procuro outro, pra tirar a teima.
Só me interessa o que não compreendo,

só amo o que não sei e não se explica.
Não quero ir aonde vou. Mas vou.
Estou aqui e não sei onde isto fica,
e onde quer que eu esteja, eu não estou.

Mantra II

Not that it needs repeating,
but just keep saying it, under your breath,
as though it was a stubborn sort of truth
that's worth believing.

It's got a tang that with due practice
one grows used to, or even comes to like,
the way one learns to love a cactus
with all its spikes.

Not that it's something that hasn't been said
a hundred times before.
Not that it matters anymore.
Not that it ever did.

Caderno

I

Escrevo nas nuvens.
Tenho um caderno sempre aberto numa nuvem,
e nele escrevo. É nuvem, não papel.

Mas as palavras são de terra. Escrevo terra,
mesmo escrevendo nas nuvens.
Só às palavras-terra me aferro.

Outras sei que são só som:
são ar. E há também as pura tinta
descarnada. Que são água.

A água é boa e o ar é bom.
A carne é terra: também soa,
também sobe às nuvens, certo,

e arde como a chama mais impura.
Porém é terra. E só palavras-terra
me aterram.

II

Mesmo sabendo que não há sentido,
há que fazer sentido. (Aliás,
se já houvesse, fazer não era preciso.)
Por isso todo mundo faz,

ou se não faz ao menos tenta,
mesmo se faz de conta que não está
tentando, mesmo quando inventa
mil e uma maneiras de brincar

de não-querer-fazer-sentido. É um jogo
um tanto bobo, mas tem lá
seu sex appeal. Nada de novo
sob o sol, naturalmente, mas há

sempre quem se deslumbre com essa pseudo-
novidade. Nada de mais.
No mundo há uma abundância de brinquedos
nada inocentes — uns até fatais.

(Uns também de palavras, só que esquivas
e plenas de sentidos crus,
como um campo carregado de minas
ou um abcesso de pus.)

III

Not to portray or tell, or even show:
not to take facts, or things, as ports of call
on something like a voyage from the known
to the unknown, and back—it's hard to tell
which way it works, or even if it works
at all. Indeed, the voyage metaphor,
for one, is just not right, the way it barks
up the wrong tree as if somehow, somewhere,
there was a tree worth barking up, if one
could only find it. (Another ill-fitting
metaphor, come to think of it.) But none
of this comes close to what one means—if meaning
is what one wants, what one is really after,
not sounds. Or tropes. Or things. Or facts. Whatever.

IV

Pode não dar em nada, no final,
mas ao menos não dói. O que é melhor
que nada — fazer nada faz mais mal
do que fazer o mal. (Nada é pior
que o nada.) E se a coisa cansa, não
reclama, que o descanso cansa mais
ainda. Faz das tripas coração
ou coração das tripas — tanto faz,
desde que saia alguma coisa dessa
desgraça, mesmo sem pé nem cabeça,
sem graça, só uma frase de efeito,
um negócio que não queira dizer
nada — nada além do que não puder
não ser dito, por ninguém. (Dito e feito.)

V

Palavra perdida no fundo
do corpo entre sonho e lembrança
feito cunha ou ângulo agudo
ou ponta rombuda de lança

cravada onde é difícil o acesso
ao mundo do eu que perdi
que a cada dia mais esqueço
embora esteja sempre ali

quase ao alcance dessa mão
que é minha apenas por um triz
e por um instante até me atrevo

a afrontar meu fio de razão
e de ânsia de ainda ser feliz
e ligo o foda-se e a escrevo.

VI

If not for words it might be worse, much worse—
at least that's what one's made to think in words,

by words, of course. And somehow this stark fact
does not seem to have the expected effect

of sounding somewhat like circular reasoning,
as well it might, if one were really listening

with even half an ear to one's own thoughts
(which, indeed, one most certainly is not).

But how much worse, exactly? Why? And how?
This sort of question must—at least for now—

be kept at bay. Unasked. Unanswered. Lest
one should prove with words the world's at its worst.

VII

Ardor nas Ardenas e frigidez na Frígia —
seria bom se fosse assim? Talvez. Porém
há que pesar os prós e os contras, como exige a
lucidez. E nesse caso há contras. Ninguém

ia querer perder o imenso privilégio
de poder virar tudo de ponta-cabeça,
violar o cuidadoso código que rege o
jogo querendo justamente que aconteça

o que não é pra acontecer, e contribua
pra que, no espaço entre o pensado e o insubmisso,
palavra ou coisa surja que possa ser sua

sem ter havido a mínima intenção de obter
o que nem foi imaginado, e nem por isso
deixe de ser o exato que devia ser.

VIII

Falsos começos, fins em aberto,
nada que possa dar a certeza
de estar pisando chão e não teto,
de ser a mesa deveras mesa.

Mas falta algo — disso não há dúvida —
e isso que falta (o que será?)
deixa uma sombra, uma mancha úmida,
no exato lugar onde não está.

Essa certeza — pobre, franzina —
é o que se tem à guisa de fulcro.
(Muito se fez com menos ainda.
Diga em voz alta: saí no lucro.)

IX

É como se fosse possível
dizer uma coisa nova
com os velhos nomes de sempre.
Uma ova.

Ou seja, assumidamente,
uma tentativa a mais
de fazer (criar?) diferença.
Vá atrás.

Não seria pelo menos,
tipo assim, um contributo
ao tesouro geral do humano?
Tipo, "Nada humano me é alheio",
seu puto?

X

A primeira tentativa
quase sempre dá em nada.
A segunda é mais do mesmo.
A terceira, malograda,

faz a pessoa pensar,
questionar metas e métodos,
antes de embarcar na quarta,
que dá num naufrágio épico.

A essa altura, desistir
não é mais uma alternativa:
o fracasso se tornou
a própria textura da vida,

e a hipótese do acerto
não entra sequer no cálculo.
Assistir à própria queda
agora é todo o espetáculo.

XI

To write the things that would have been erased
if only you were not exactly you
but someone close enough, somebody faced
with circumstances you've been spared, and who's
led, on the whole, the sort of life that calls
for tauter sinews, sharper senses, plus
—not to put too fine a point on it—balls,
the kind of mind that doesn't make a fuss
about the fact that one must often act
before one has the time to think things through —
the sort of life, in short, that is so packed
with mindless action — things that you just do,
not write about — that, well, in any case
there wouldn't be, it seems, much to erase.

XII

Confinado num corpo
de dúbia propriedade
provido de um contorno
muito bem delineado,

procura na palavra
(por mais escarnecida)
a possibilidade
de uma quase saída

rumo a um outro eu
novo do cerne à casca
ou então, *faute de mieux*,
a uma boa máscara.

XIII

Como se fosse coisa fácil
achar o jeito de dizer
a frase justa que encerrasse
o que urge tanto esquecer

que antes mesmo que se esboce
a sílaba tão esperada
a palavra — fosse qual fosse —
já resvalou para o nada.

XIV

This, too, will one day be remembered
not quite like what it feels like now.
It's not that memories are tampered
with purposely, but that, somehow,
between life lived and life recalled
things go awry, details get lost
and are replaced—not by a bald-
faced fabrication, but at worst
a plausible version of what
could have happened, in circumstances
at just a slight remove from fact.
We're talking subtlety, nuances,
not downright lies. Don't you forget it:
Your life is yours (at least) to edit.

XV

Era o primeiro de muitos,
dos muitos que haviam de vir,
mas isso você não sabia.

Por ser o primeiro, tinha
que ser o único, o último
e ótimo, mesmo se péssimo.

(Estava bem longe o décimo.)
Remédio definitivo
pra dores apenas sonhadas,

era certo, bom e bonito.
Era tudo que você sabia
que sabia. E não era nada.

XVI

Sempre aspirar à condição da música.
Não só na arte: em tudo, nas pequenas
coisas que não são pequenas, em tudo
que fazemos sem pensar, ou que ao menos
devíamos jamais fazer senão
com a cabeça em outro lugar. Lugar
nenhum é bom pra se ficar, é bom
senão pra passar, passar como passa
nota após nota formando uma linha
que não se nota senão como um todo
que se ouve passar, tal como um dia
passa sem dar a impressão que de novo
um dia deu lugar a outro, e sim
que apenas continua a melodia.

XVII

Naquela página antiga
não se lê mais o que escreveu
o proprietário do caderno
(que por acaso sou eu.

(Melhor dizendo: um eu que fui
já não sei quando nem onde,
e que pensava ser alguém
que nunca foi, nem de longe.

(O que também não quer dizer que
quem escreve agora nesta tela
seja precisamente o ser que
julga ser, tampouco aquela

pessoa ainda incognoscível
que anos depois virei talvez
a ler isso que, noutro agora,
leitor irmão, agora lês.

(No entanto, mesmo sem saber
se sou quem fui ou sou ou somos,
nem por que faço isso que faço,
escrevo até cair de sono.)))).

Tocata

Há um real que se oferece, quase
obsceno, à mão que acena, pura e obtusa,
e um outro real (talvez uma fase
diferente do mesmo) que recusa

qualquer proposta de aproximação.
Este real, outro (se o for) e arisco,
que nunca vai comer na tua mão
nem mesmo o mais requintado petisco,

este que resiste a todo chamado
e insiste em não sair da zona escura
à qual está desde sempre confinado,
este que a tua mão, obtusa e pura,

tenta atrair com o gesto mais canhestro
de amor ou de súplica — vá saber —
de que é capaz teu cínico e ambidestro
desejo insaciável de entender

tudo aquilo que não está nem aí
pra ser compreendido por ninguém
(sim, por ninguém, muito menos por ti),
ele mergulha no buraco sem

fundo — espécie de toupeira, ou furão —
onde vive o que lhe passa por vida,
sem te dar a menor satisfação,
nem mesmo o consolo de uma mordida.

Natureza morta II

Coisas concretas e sólidas
que se deixam agarrar,
mais pesadas (muito embora
menos reais) do que o ar,

que deixam marcas ou mossas
no frágil papel da pele
se por acaso uma força
(interna ou externa) as impele

contra ele, como faz
a ponta de uma caneta
ou lápis, ou algo mais
aguçado, que prometa

um líquido menos leve
que tinta, mas que habilite
escrita mais indelével
do que o volúvel grafite —

coisas, porém, que deixadas
no estado de natureza
contentam-se em dormitar
inertes sobre esta mesa.

Duas autotraduções

(NENHUMA ARTE, I)

I

The gods of chance give what was never prayed for;
they change their minds, and then take back their gift.
And since a gift is given, not bought and paid for,
they will not brook complaints from the bereaved.
You wonder whether never to have had
were better than to have, then face the loss
(not "better"; what you mean is "not as bad")—
even if the price were utter loneliness?
(No sense in reminiscing about a past
that never was. Don't overplay your hand.
The game, in fact, is over, and you lost,
and there's no second chance: this is the end.
What's gone is gone. Nothing comes next. The odds
were never on your side. Such are the gods.)

(CADERNO, XIV)
II

Isto, também, será lembrado um dia,
porém não tal qual é sentido agora.
Não que as lembranças sejam distorcidas
de propósito; é só porque a memória,
entre o vivido e o lembrado, interpõe
como que um filtro, com pequenas falhas
ou até mesmo substituições —
nem tanto por mentiras deslavadas,
mas por versões plausíveis do ocorrido.
São mudanças sutis, que se desculpam,
como perdas num texto traduzido,
e não trapaças. Pois a vida é tua,
e se nem sempre é possível amá-la,
tens o direito (ao menos) de editá-la.

À margem do Douro

Não espero nada, e já me satisfaço
com a consciência de ainda estar em mim
e não de volta ao nada de onde vim.
Por ora, ao menos, ainda ocupo espaço,
junto a uma mesa no Cais da Ribeira;
permito-me, sem culpa, desfrutar
de pão, e queijo, e vinho, e vista, e ar,
todo o entorno da minha cadeira.
Que os dias que me restam não me tragam
apenas a miséria de contá-los
pra ao fim ver que as contas não fecham. Peço
demais? Eu, que não sou desses que tragam
a vida num só gole e no gargalo,
sem ter nem mesmo perguntado o preço.

Crisálida

Às vezes uma palavra
se limita à condição
de som oco e mero. Não
uma toca onde se encava

um talvez significado,
porém pura superfície
onde só se permitisse
o óbvio mais deslavado

que aos sentidos se entregasse
sem escrúpulos de pudor.
Esta entrega não é amor,
tampouco arroubo de audácia,

mas pura desesperança
de um dia ter em seu bojo,
à guisa de ovo ou estojo,
algo assim como substância.

Proveito se há de tirar
de uma renúncia tão grave —
o par de asas que cabe
ao que é mais leve que o ar.

Tar-Baby

O querer não querer
é ambição deslavada.
Não há glória maior
que a conquista do nada.

O oximoro, porém,
é inviável proeza:
pois querer capturá-la
já é abrir mão da presa,

o que leva de volta
ao desejo e seu visco.
(De escapar desse enlace
jamais se corre o risco.)

Uma nova teoria de tudo

Todas as coisas que existem no mundo
fazem sentido. Senão não teria
sentido elas serem. Ou estarem. Tudo
mais depende desse princípio. Os dias

vêm antes das noites, não depois. Nunca
faz parte de sempre, assim como zero
é apenas um número entre outros números.
Toda forma é perfeita: não só a esfera,

que é só mais redonda que as outras — nada
de mais. E todas as proposições
são verdadeiras — se tornam verdade

no instante exato em que são formuladas.
Ficam sem efeito as contradições
todas. (Pronto. Creia. Não faça alarde.)

Da irresolução

Por não se estar preparado
perde-se a vida inteira.
A preparação, porém,
pra ser completa e certeira,

exigiria no mínimo
uma existência e meia.
Compreende-se, portanto,
aquele que titubeia

ao se ver face a face
com tamanho compromisso,
e termina decidindo
viver mesmo de improviso.

Da oportunidade

Não era a hora — nunca é hora —
mas o que se há de fazer.
Todo momento é sempre agora
(antes de se derreter).

E foi assim que, não obstante
a hora fosse inadequada,
foi nesse preciso instante
que não aconteceu nada.

O que implicou uma sucessão
de inconsequentes consequências.
(Não terá sido, pois, em vão
tão oportuna inexistência.)

Da imortalidade

A música secreta destes dias
não vai se revelar senão no tempo
em que a sua melodia
já não traga a ninguém nenhum alento.

Nesse dia, por ora ainda distante,
de silente e tardio entendimento,
o que era só ruído antes
se deixará gravar, com traço lento

e firme, numa bela partitura
a ser lida por vocês,
de geração ainda mais futura,
que abrirem a pasta AX293.

Dos nomes

Os nomes se enchem aos poucos.
Um dia eles perdem o estofo,
aos poucos, ou então de repente.
Então ficam ocos.

O mundo está sempre se enchendo
de cascos vazios desse tipo.
Inúteis. No entanto, assim mesmo
continuam sendo,

ocupando tempo e lugar,
iludindo quem os assume,
prestando falso testemunho
do que já não há.

E o mundo se presta a essa farsa.
É como se já não bastassem
as coisas e os nomes de coisas
que as coisas disfarçam.

E há quem (imagine!) ache pouco,
e abrace esses nomes sem estofo
e diga e rediga esses ocos
feito louco.

Do sublime

A consciência toda exulta,
e não é pra menos:
é chegada a hora absoluta,
o rei dos momentos.

Todo o tempo ela preparou-se
pra esse instante excelso,
com infinitos alvoroços
e risíveis excessos,

antegozando o inteiro espectro
de fatais consequências,
abrindo alas pra todo um séquito
de obscuras contingências.

Tão ansiosamente aguardado,
o instante enfim resulta
num objeto desengonçado,
espécie de catapulta

de utilidade pouco clara.
Um gesto temerário
instala a esplêndida almanjarra
no fundo do armário.

Da metafísica

Ser parte de alguém ou algo
tão grande que não se entenda:
toda crença, ao fim e ao cabo,
se resume a essa lenda —

o mais rematado dislate,
coisa jamais entendida,
que eleva ao sumo quilate
o caco mais reles de vida.

Plaudite, amici

Seria muito bom saber sair de cena
sem fazer cenas, sem roubar a cena, sem
atropelar sequer um figurante. Pena
que nessas horas se improvisa, e que ninguém

respeita nada quando foge do roteiro.
Mesmo os maiores canastrões têm seu momento
de glória, de prima-donismo o mais rasteiro
e o mais justificável. Pois na vida há tempo

mesmo pras coisas mais ridículas, vexames
impensáveis, mas perfeitamente vivíveis,
derramamentos nem um pouco cabralinos

mas necessários. (Quem não gostar, que reclame
a seu deus predileto — *ex machina*, inclusive —
um fim de comédia um pouco menos indigno.)

Lacrimæ rerum

É o lamento das coisas,
a desdita da matéria.
Não tem nada a ver conosco,
com nossa breve miséria,

nosso orgulho de organismo.
É uma questão de moléculas,
que antecede a biologia
por coisa de muitos séculos.

Diante dessa dor arcana
nosso entendimento pasma.
Nem tudo está a vosso alcance,
ó seres de protoplasma.

Ao sair da sala

> *And yet nothing has been changed except what is*
> *Unreal, as if nothing had been changed at all.*
> Wallace Stevens

Você ao sair da sala
escuta um murmúrio discreto.
Pensa: é alguém que me fala
em pleno discurso direto.

Porém não é nada disso.
É o murmúrio impessoal
do silêncio quebradiço
que se ouve mal e mal

onde não há o que se ouça.
Se ao seu ouvido ele soa
como algo que talvez possa
emanar de alguma pessoa,

é pra desdizer a certeza
de que, atrás da porta fechada,
na sala ainda há pouco acesa
agora não há nada.

Nota do editor

Alguns dos poemas deste livro foram publicados anteriormente:

"Nenhuma arte" (I): Caderno Prosa, *O Globo*, 28 de dezembro de 2013.

"Natureza morta II": *Fanzine*, 44 (Portugal), março de 2016.

"Caderno" (XVII): "Cuaderno XIV", tradução espanhola de Josep Domènech Ponsatí. *Vallejo & Co.* (Lima, Peru), 2017. <http://www.vallejoandcompany.com/la-rima-atraviesa-la-garganta-13-poemas-de-paulo-henriques-britto/>

Cinco poemas da série "Caderno" (I, V, X, XII e XVII): *piauí*, 128, maio de 2017.

"Glosa sobre um mote de Sérgio Sampaio" e "*Lacrimæ rerum*": Blogue da revista *piauí*, 19 de outubro de 2017. <http://piaui.folha.uol.com.br/uma-vida-em-traducao/>

"Da oportunidade", "Do sublime" e "Dos nomes": *Teresa* (USP), 18, 2018.

"Spleen 2½", "Pa(r)químetro" e "Da oportunidade": *Pessoa*, 7 de janeiro de 2018. <https://www.revistapessoa.com/artigo/2458/e-meio>

"Nenhuma arte" (V e IX) e "Caderno" (XV): *Gueto*, 5, jan.-mar. 2018. <https://revistagueto.com/tag/poesia/>

"Veja e toque, e se contente": *Plástico Bolha*, 39, maio de 2018.

"Nenhuma arte" (v), "Nenhum mistério" (ix), "Caderno" (viii, xv) e "Mantra ii": *Eufeme*, 7 (Portugal), abril/junho de 2018.

1ª EDIÇÃO [2018] 1 reimpressão

ESTA OBRA FOI COMPOSTA POR ACOMTE EM MERIDIEN E IMPRESSA PELA GRÁFICA BARTIRA EM OFSETE SOBRE PAPEL PÓLEN BOLD DA SUZANO S.A. PARA A EDITORA SCHWARCZ EM AGOSTO DE 2021

A marca FSC® é a garantia de que a madeira utilizada na fabricação do papel deste livro provém de florestas que foram gerenciadas de maneira ambientalmente correta, socialmente justa e economicamente viável, além de outras fontes de origem controlada.